Henry VIGNAUD

L'AMÉRICANISME

ET

LA SOCIÉTÉ DES AMÉRICANISTES DE PARIS

DISCOURS DE RENTRÉE DU PRÉSIDENT

Séance du 4 Novembre 1913

Ce qu'est l'Américanisme. — Son importance. — Place qu'il faut y faire à l'Anthropologie et à la Linguistique. — La question de l'Origine de l'Homme Américain. — Le Gobinisme et l'inégalité des races humaines. — Remarquables travaux des membres de la Société. — Remarques du Dr Verneau sur le danger des généralisations trop hâtives. — Remarques du Dr Capitan sur la Méthode dans l'étude du préhistorique Américain. — Observation du Dr Rivet sur la Méthode en Américanisme.

Extrait du *Journal de la Société des Américanistes de Paris.*
Nouvelle série, Tome XI, 1914, p. I-VIII, 1-20.

AU SIÈGE DE LA SOCIÉTÉ,
61, RUE DE BUFFON, 61
ET
A LA LIBRAIRIE ERNEST LEROUX,
28, RUE BONAPARTE, 28

1914

L'AMÉRICANISME
ET
LA SOCIÉTÉ DES AMÉRICANISTES

DISCOURS DE RENTRÉE DE M. VIGNAUD,
Président de la Société.

Séance du 4 novembre 1913.

Messieurs :

Dans quelques mois la Société des Américanistes de Paris comptera dix-neuf années d'existence. Fondée en 1896 avec le concours financier du duc de Loubat et sous la direction d'un maître dont la mémoire nous est chère à tous, le professeur Hamy, qui sut grouper autour de lui une élite d'érudits, elle a fait lentement mais sûrement son chemin. Aujourd'hui, grâce aux solides et intéressants travaux qu'elle a publiés et au dévouement de ses deux Secrétaires, le Dr Capitan et le Dr Rivet, qui ont embrassé son programme avec ardeur et qui lui consacrent une grande partie de leur temps, grâce surtout aux libéralités de quelques-uns de ses membres qui l'ont mise à l'abri des soucis matériels, elle tient une place distinguée dans la grande famille des associations savantes et nous pouvons entrevoir l'heure à laquelle elle sera le principal foyer de l'Américanisme en Europe.

Au moment où nous allons recommencer nos travaux annuels, je voudrais rappeler ce qu'elle a fait, délimiter le champ de ses recherches et indiquer, d'une manière générale, sur quels points fondamentaux ses études doivent plus particulièrement se porter.

I

L'Américanisme est une expression un peu vague par laquelle on entend trop souvent bien des choses différentes. Tout récemment encore, à propos d'une réforme que préconisaient des ecclésiastiques Améric on lui a donné un sens théologique. Humboldt, qui fut le créateur d ordre de recherches, ne connaissait pas ce mot; mais si l'on mesu champ sur lequel ses savantes et pénétrantes investigations ont port voit que, pour lui, l'Américanisme comprenait uniquement ce qui se porte aux origines américaines et aux premiers rapports de l'A Monde avec le Nouveau. Ces deux sphères d'études se touchent, en de très près, car c'est par l'intermédiaire des Découvreurs que tou matériaux qui permettent d'aborder la question des origines nous connus et leurs récits mêmes forment une partie essentielle de ces r riaux.

Cette manière d'entendre l'Américanisme scientifique, qui est la r ouvre à nos investigations un vaste champ où prennent place l'Arcl gie, qui fait voir l'état ancien de civilisation d'un peuple; l'Ethnogra qui permet de retracer ses mœurs, ses usages, ses croyances; la Lir tique qui, au moyen du vocabulaire, révèle l'étendue de ses morales et matérielles, ainsi que les associations qu'il a pu former d'autres peuples, et l'Anthropologie enfin qui détermine son rang les autres groupes humains, et qui réunit les éléments nécessaire solution du grand problème de l'unité ou de la pluralité des races ricaines. A côté de ces sciences fondamentales, qui tiennent la pre place dans nos études, l'Américanisme comprend aussi la Paléo gie qui laisse des traces ineffaçables sur les routes que l'homme a p courir à la suite des animaux, et quelquefois aussi la Géologie et la graphie comparée, sans lesquelles on ne pourrait se faire une idée de la possibilité du passage des peuples primitifs d'une région autre, dans les temps préhistoriques.

II

Malgré la diversité de leur caractère et de leurs méthodes, tou sciences qui viennent d'être énumérées conduisent, par différentes à la grande question de l'origine de l'homme Américain et de sa ci tion qui fait, en somme, l'objet même de nos études.

On a contesté, cependant, que l'Américanisme eût pour nous un supérieur. L'homme Américain, a-t-on dit, n'a joué aucun rôle d développement de l'humanité. Il a vécu et il disparaît sans rien derrière lui. Son héritage est nul et aucun lien ne nous attache à nous est donc indifférent de savoir d'où il vient et ce qu'il a fait, puisque pour nous il est comme s'il n'avait pas existé.

Ceux qui portent ce jugement tranchant ne voient dans l'Américanisme qu'un de ses côtés.

Oui, l'homme Américain n'a contribué en rien à la marche ascendante de l'humanité; oui, pour nous Ariens et Sémites, chez lesquels ont évolué toutes les idées morales qui font la force de l'ordre social entier, l'homme Américain est un étranger avec lequel nous n'avons rien de commun; oui, il ne nous a rien légué et nous n'avons rien à lui emprunter. Mais son histoire est, néanmoins, pleine d'enseignement pour nous. L'homme Américain nous a donné et nous donne encore un spectacle singulièrement instructif: celui de plusieurs groupes humains passant de nos jours, et presque sous nos yeux, par les différentes phases de l'évolution sociale que nous ne connaissons que par les débris enfouis sous des couches terrestres plus ou moins profondes. Cet état de choses qu'on ne trouve plus guère ailleurs et qui ne peut plus se reproduire au même degré, laisse voir ce que nous avons été et projette ainsi une vive lumière sur nos propres origines. A ce point de vue l'étude de la vie des Indiens du Nouveau Monde et des conditions de leur développement moral et matériel est féconde en indications utiles et intéressantes. Cela explique le nombre considérable de monographies qui se publient à ce sujet et auxquelles on attache d'autant plus d'importance que le moment est proche où les derniers représentants de pure race indienne auront disparu.

On a aussi reproché à notre Société de faire une trop grande part à l'anthropologie et à la linguistique. Aucune critique n'est moins justifiée. L'anthropologie et la linguistique sont les facteurs nécessaires de la recherche des origines qui nous occupe principalement. La linguistique, dont on méconnaît l'importance dans nos études, ne nous renseigne pas seulement sur les rapports que les tribus Indiennes peuvent avoir eus entre elles et avec d'autres peuples, elle nous éclaire aussi sur l'étendue de leurs conceptions et nous fait connaître leur génie, c'est-à-dire le fond même de leurs idées et la forme qu'ils leur donnent. Il reste beaucoup à faire à cet égard, car on n'arrive à comprendre le génie d'un peuple qu'en se rendant maître de sa langue, ce qui est d'autant plus difficile aujourd'hui que les langues américaines s'altèrent et disparaissent rapidement et qu'elles ne laissent pas de monuments littéraires dans lesquels on pourrait les étudier. Il importe donc que les Américanistes ne négligent pas cette branche de leur programme et qu'autant que possible ils se mettent en contact direct avec les Indiens. Il y a là une importante source d'information qui bientôt sera tarie.

L'anthropologie tient une place encore plus grande dans nos études.

Les caractères anatomiques ont, en effet, une fixité que ne possèdent les caractères linguistiques, et mieux que tous les autres, ils mettent la trace de la parenté originelle. Cette question des Origines Ar caines qui a tant d'intérêt pour nous, ne peut d'ailleurs être séparé celle de la formation des diverses races humaines et soulève un probl formidable dont il convient de dire ici quelques mots.

III

La plupart d'entre nous ont assisté à cette étonnante révolution s tifique par laquelle le monde savant a été rapidement entraîné dai grand mouvement transformiste qui a imprimé une nouvelle directi l'histoire naturelle. L'accord, apparent tout au moins, des idées tran mistes avec les lois fondamentales par lesquelles l'Univers est régi, caractère de généralité, la simplicité des solutions proposées et le no considérable des faits relevés à leur appui, donnent à cette sédui doctrine une force et une vitalité qui l'ont rendue irrésistible. App à l'homme Américain, le transformisme ne comporte qu'une alterna ou l'Indien a évolué sur place, ou il est venu de l'Ancien Monde, que son évolution était achevée. Dans l'un, comme dans l'autre c appartient à l'Américanisme de réunir les éléments nécessaires à l' du problème et d'en préparer la solution, ce qui est une grosse tâch jusqu'ici rien ne permet de se prononcer avec quelque certitude dai sens ou dans l'autre.

Il est vrai que notre savant collègue, M. le Dr Verneau, nous a même, qu'aucun des crânes découverts de l'autre côté de l'Atlantiq rappelle, par ses caractères physiques, ceux de l'homme de Néand ou de Cro-Magnon, ce qui écarte l'idée d'une communauté d'origine. observation, que confirment les recherches des anthropologistes ricains, dont les nombreuses observations sur ce point n'ont aucune différence entre les ossements humains trouvés jusqu'à p dans les plus anciennes couches du Nouveau Monde et ceux des Ir de nos jours, est de nature à autoriser la conclusion que l'homme A cain est arrivé en Amérique avec les caractères ethniques qu'il p actuellement. Il faudrait donc, dans ce cas, chercher son origine dai région de l'Ancien Monde où l'homme s'était déjà affranchi des tères physiques inférieurs qui sont le propre du type de Neanderthal celui de Cro-Magnon.

Dans l'état actuel de nos connaissances, toutefois, cette soluti problème reste encore hypothétique. Il faut dire, cependant, qu'elle s'accorde mieux avec les faits que celle de l'origine endogène de l'homme Américain. A l'appui de cette manière de voir notons encore que lors de son voyage aux États-Unis, en 1891, un savant qui a une compétence exceptionnelle en ces matières, M. le professeur Boule, a constaté l'identité de forme des objets primitifs d'usage journalier trouvés en Amérique et ceux que les fouilles Européennes ont mis à jour dans les terrains paléolithiques. Bien qu'on puisse arguer que des raisons semblables ont pu donner naissance à une industrie similaire, il y a dans cette ressemblance étroite entre des objets de première nécessité usités par des populations différentes séparées par de grandes distances, une raison assurément très valable de croire à une provenance commune. Cette provenance peut s'expliquer d'ailleurs.

Dans la belle leçon par laquelle il a ouvert son cours d'Antiquités américaines au Collège de France, notre Secrétaire Général, M. le Dr Capitan, a signalé les analogies qui existent entre la faune Nord-Américaine avec celle de l'Ancien Monde et a rappelé qu'il était admis aujourd'hui que les deux continents n'avaient pas toujours été séparés par un vaste espace maritime. En effet, se fondant sur les explorations géologiques, sur les sondages exécutés dans l'Atlantique, sur l'identité de certaines espèces végétales et animales, communes à l'Amérique ainsi qu'à l'Europe et à l'Afrique, un très grand nombre de savants ont jugé que dans la période Tertiaire ou Quaternaire, et peut-être même jusqu'à l'aurore des temps historiques, les deux hémisphères étaient unis par des terres aujourd'hui effondrées, qui ont pu servir de pont, aussi bien à l'homme qu'aux animaux et aux végétaux, pour passer d'un continent à l'autre.

Certes, il n'y a là qu'une hypothèse, mais elle se recommande par tant de bonnes raisons qu'il est presque impossible de l'écarter. Il ne faut pas se dissimuler, toutefois, qu'elle ouvre le champ à des conjectures variées dont aucune ne s'impose. Faut-il chercher cette voie de communication entre l'Ancien et le Nouveau Monde au détroit de Behring, comme bien des auteurs le veulent, ou plus au Sud, entre le Kamtchatka et les îles Aléoutiennes et l'Alaska? Ou doit-on la placer à l'Ouest, soit là où les Scandinaves passèrent plus tard au Labrador, soit dans l'Atlantique Moyen, en faisant revivre l'Atlantique de Platon comme nombre de Géologues et de Paléontologues semblent disposés à le faire? On n'ose se prononcer en faveur de l'une ou de l'autre de ces hypothèses.

Ce ne sont pas d'ailleurs, les seules qu'on ait aventurées à cet égard. On a pensé aussi que les îles du Pacifique formaient un trait d'union naturel entre les deux hémisphères et que des Polynésiens ou des Japonais avaient pu anciennement arriver en Amérique par cette voie et les peu| ou tout au moins y apporter quelques éléments de civilisation. Cel possible puisqu'il est certain que des communications de ce genre o lieu de notre temps. Remarquons, toutefois, que ces communica étaient individuelles et qu'il est difficile d'admettre que le peupleme l'Amérique ait pu se faire par cette voie. Les conditions du prob exigent l'existence d'une route par laquelle les hommes ont pu se voir en nombre.

Ceux qui croient que l'homme Américain a évolué sur place pose problème autrement. Pour eux, naturellement, l'homme Américai vient pas de l'Ancien Monde et un savant Argentin, auquel ses breux travaux ont valu une juste renommée, M. Ameghino, a non s ment assuré que ses fouilles avaient mis à découvert des témoig valables du passage de l'animal à l'homme, mais encore que l'Amé avait été le berceau de l'humanité. Mais ces assertions téméraires pas trouvé créance auprès des savants qui ne se laissent pas ent par leur imagination et ni ceux qui ont assisté à la démonstratio M. Verneau nous a faite du peu de fondement des raisons sur lesq s'appuie cette singulière thèse, ni ceux qui ont lu l'article que le D a donné à *Biologica* sur le même sujet, ne seront tentés de l'accep

Le savant Argentin n'a fait, d'ailleurs, que reprendre en l'exag une idée de Brasseur de Bourbourg et de Gobineau. Ce dernier, pe original et audacieux, dont la thèse fameuse de l'inégalité des humaines devait scandaliser tant de personnes, a soutenu, en effet loin de venir de l'Ancien Monde, l'homme Américain y avait émi y était devenu, non la souche de l'humanité, mais celle du type M qui, dans son système, se range après l'Arien et le Sémite, mais av Noir. Cette thèse, exposée et défendue avec un rare talent n'obt France aucune créance et trouva dans de Quatrefages un critique rable; mais Gobineau eut la fortune singulière de voir ses idées ex dinairement bien accueillies en Allemagne, d'où elles nous sont re avec un prestige qui leur a valu un tel succès qu'on a dû créer u pour les caractériser. Le *Gobinisme* forme maintenant une petite dont les fidèles, pleins d'ardeur, trouvent dans le transformisme, a d'hui triomphant, des arguments d'une portée considérable en faveu théorie d'une échelle de gradations dans les formes, aussi bien qu les aptitudes des êtres, et de la doctrine de l'infériorité organique c taines races humaines par rapport à d'autres.

L'Américaniste ne peut ignorer ce mouvement d'idée, car le Go voit dans le fait que le Peau Rouge américain reste rebelle à tout milation avec les races étrangères, une preuve de l'un des axiom damentaux de sa philosophie sociale, à savoir que la question des races domine l'histoire entière.

Cette attribution aux divers groupes ethniques d'un rôle spécial et inégal dans l'œuvre de la civilisation qu'un éminent écrivain a qualifié peut-être un peu légèrement de préjugé des races, suppose la permanence des types humains, ce qui soulève une autre grosse question : celle de la portée de l'influence des milieux, question qui n'est pas étrangère à nos études, puisqu'on a tenté d'expliquer par cette influence la formation des races américaines.

Dans quelle mesure les conditions extérieures peuvent-elles modifier les types humains ? En d'autres termes, les races que nous connaissons se sont-elles formées sous l'influence des milieux, des climats et des nécessités de la vie, ou sont-elles uniquement le résultat de croisements entre des types originairement distincts ?

Dans les temps géologiques, alors que les forces de la nature avaient une intensité qu'elles n'ont plus aujourd'hui, l'homme, comme tous les êtres vivants, a dû subir des influences climatériques qui ont pu modifier, plus ou moins, sa conformation anatomique et, par suite, son apparence physique, mais est-on en droit de dire que des changements de ce genre se sont produits dans les Temps Historiques, et doit-on croire qu'ils se produisent encore ? Il serait peut-être téméraire de l'affirmer, car, aussi loin que l'on puisse remonter dans les temps dont nous possédons des témoignages écrits ou figurés, on trouve les types caractéristiques des grandes races humaines identiques à ce qu'ils sont aujourd'hui. Tout semble donc indiquer qu'alors que les langues varient considérablement, la charpente osseuse de l'homme et les téguments qui les recouvrent restent relativement invariables.

IV

Vous voyez l'importance des problèmes que soulève l'Américanisme. C'est mon excuse de m'être attardé, trop longtemps peut-être, sur celui de l'origine de l'homme américain qui se lie étroitement à tous les autres. Que de questions, en effet, se rattachent à ce problème ! La date de sa première apparition sur le sol où on l'a trouvé ; sa contemporanéité avec la faune détruite ; son type ethnique ; ses langues, sa civilisation et son véritable caractère ; ses modes de transmission de la pensée, forment autant de sujets d'études qui, poursuivies patiemment et systématiquement, doivent nous apprendre si les divers groupes actuels d'Indiens américains peuvent être ramenés à un type unique qui a, ou qui n'a : de représentants dans l'ancien monde, si les nombreux idiomes q parle sont dérivés d'une langue mère dont il ne se trouve pas de tra ailleurs, et si sa culture intellectuelle et industrielle s'est développée le sol même, ou a subi des influences extérieures.

Sur aucune de ces questions et sur bien d'autres qui rentrent dans cadre de l'Américanisme, la discussion n'est close. Cette science nouv ne nous a encore livré qu'une faible partie des secrets du Nouv Monde. Il y a là un vaste et riche champ à explorer que les Amér nistes ont le devoir de faire fructifier et dont on peut tirer un enseig nement d'une portée qui dépasse l'Américanisme même. C'est, en ef par des recherches de ce genre que nous pouvons voir s'il est v comme l'a dit notre grand Buffon, que l'homme blanc en Europe, ja en Asie et noir en Afrique est le même homme teint de la couleur climats ; ce sont les résultats de toutes ces recherches qui permett un jour de dire si l'idée d'une humanité mère, source de l'égalité de les hommes et fondement universel de la morale universelle est le f d'une constatation scientifique ou une conception généreuse de n esprit.

V

La Société des Américanistes qui a été créée pour collaborer à ‹ grande tâche, s'y est résolument consacrée et le Journal de ses tra témoigne de la valeur des efforts qu'elle a faits pour répondre au gramme qu'elle s'est tracée. Mais, comme je l'ai déjà dit, elle peu elle doit faire mieux. Elle comprend aujourd'hui 144 membres nombre desquels figurent la plupart de ceux qui se sont fait un nom l'Américanisme, et elle a constitué une riche bibliothèque spéciale leur fournit d'amples et rares moyens de travail.

Parmi les savants étrangers nous pouvons nommer le profe *Ambrosetti*, du Musée national de Buenos Aires, auteur de tra remarquables sur les questions qui nous intéressent ; le Dr *Balli* Président de la Société de Géographie de La Paz, et promoteur de fo dans la région de Tiahuanaco qui promettent d'importantes trouvai le professeur *Boas*, de l'Université de Colombia, anthropologiste de mier ordre, auteur d'admirables travaux sur les Esquimaux ; l'exp teur *Eric Boman*, de Stockholm, auquel on doit un excellent ouvrag *Les Antiquités de la région des Andes* et qui nous a donné deux ar sur *les Migrations précolombiennes dans le nord-ouest de l'Argentine*, suggérés par la coutume des Indiens Tupi-Guarani d'enterrer leurs morts dans des urnes de terre cuite, coutume qu'il a observée sur place ; le professeur *Alexandre Chamberlain* qui est si compétent sur toutes les questions qu'embrassent nos études et dont on peut lire dans notre Journal un remarquable mémoire sur les *Familles linguistiques de l'Amérique du Sud* ; MM. *Holmes* et *Fewkes*, du Bureau d'ethnologie de Washington, connus par leurs innombrables travaux sur les races, les langues et les usages des Indiens ; M. *de Jonghe*, de Bruxelles, qui nous a fait connaître le manuscrit inédit d'une *Histoire du Mexique*, recueilli par le cosmographe Thevet, mais dont la source paraît aujourd'hui perdue, et qui nous a donné d'intéressantes notes sur le *Calendrier Mexicain* ; l'explorateur heureux de régions peu connues du Nouveau Monde, *E. Nordenskiöld* qui, dans deux communications sur *l'Anthropogéographie de l'Amérique*, a montré que les Indiens de la partie méridionale du Continent avaient eu anciennement des rapports avec ceux de la partie septentrionale et que plusieurs des instruments en usage chez les premiers doivent avoir une origine mélanésienne ; Mme *Zelia Nuttall* dont la savante plume est féconde en monographies intéressantes auxquelles nous attachons un grand prix ; le Marquis *de Peralta* qui nous a parlé des *Aborigènes de Costa Rica* et de leur distribution *géographique* ; le professeur *Putnam,* directeur du Peabody Museum ; le professeur *Seler*, un maître, qui a écrit pour nous un mémoire remarquable sur les *costumes* et *attributs* des *Divinités du Mexique* ; le professeur *Saville,* le Dr *Max Uhle*, auquel rien de ce qui concerne le Pérou ancien n'est étranger ; l'archéologue suédois *Hartman*, directeur du Musée d'Ethnographie de Stockolm, auteur de belles études sur Costa Rica ; le Dr *Koch-Grünberg,* l'explorateur philologue de l'Amazone ; le naturaliste *Sapir*, directeur de la Section anthropologique du Geological Survey du Canada, M. *Bandelier*, du Muséum d'Histoire naturelle de New York, explorateur aussi intrépide qu'érudit, et bien d'autres savants, également dévoués à l'Américanisme, sont aussi des nôtres et nous apportent, avec le concours moral de leur haute compétence, des communications d'un grand prix.

Nos collègues Français ne le cèdent en rien à ces savants étrangers. Sans parler de ceux qui ne sont plus : de notre éminent fondateur, le Docteur *Hamy*, dont les érudites monographies forment à elles seules une bibliothèque de l'Américaniste ; de *Gabriel Marcel* qui connaissait à fond l'ancienne cartographie ; de *Lejeal* qui a inauguré la chaire d'Américanisme fondée par le Duc *de Loubat*, au Collège de France ; de *Hébert* qui était si bien renseigné sur la technique Indienne, et de plusieurs autres que la mort nous a ravis, vous savez que parmi ceux qui colla borent actuellement à notre œuvre et dont les écrits ont contribué à éclairer bien des points obscurs de l'Américanisme, nous sommes heu reux de compter : M. *Henri Cordier*, membre de l'Institut, travailleu infatigable auquel l'Américanisme doit un grand nombre d'intéressante monographies ; le Dr *Verneau*, conservateur du Musée d'ethnographi et professeur au Muséum où il occupe, si brillamment, la chaire laissé vacante par la mort du Dr *Hamy* ; le Dr *Capitan*, membre de l'Acadé mie de médecine, professeur au Collège de France où son cours sur le Antiquités américaines attire tant d'auditeurs, auquel notre société doit entre autres savantes communications, un très intéressant commentair sur l'Atlalt mexicain et qui vient de lire à l'Institut un mémoire su *l'Architecture Maya* où il est démontré que les monuments en pierre d l'ancien Mexique sont imités de monuments plus anciens encore, cons truits originellement en bois.

Parmi les explorateurs français du Nouveau Monde, les plus compé tents travaillent avec nous. M. *Désiré Charnay*, un vétéran de l'Amér canisme et M. *Guillemin-Tarayre*, un autre des pionniers de notr science, nous consacrent bien des heures de leur verte vieillesse. M. Capitaine *Berthon*, auquel n'a manqué ni l'énergie ni le savoir de se devanciers, nous a initiés aux résultats de ses laborieuses investigatio au Pérou d'où il rapporté une admirable collection de pièces ancienn qu'on peut étudier dans le beau cabinet de notre Secrétaire Général, e attendant qu'elles prennent place au Musée de St-Germain auquel ell sont destinées. Un autre de nos secrétaires, M. *de Périgny*, qui a deu fois parcouru les forêts vierges de l'Amérique Centrale et qui, le premie a fait connaître les *Ruines de Nakcun*, continue là ses heureuses expl rations. Notre collègue M. *Diguet*, naturaliste et archéologue, plein zèle, qui a visité plusieurs fois la terre classique de l'Américanisme où se trouve maintenant, nous a successivement entretenus du *Chimalhu can et de ses populations avant la conquête espagnole*, des *Tumul Misteco-Zapotèques*, *du Peyote*, plante aux effets hallucinants dont l Indiens du Nayarit faisaient usage dans leurs cérémonies religieuses, l'*Histoire de la Cochenille au Mexique*, de l'emploi du *Maïs* et *Maguey* dans la même région, et de l'*Idiome Huichol*, langue mexicai qui était très répandue à l'époque de la conquête espagnole. Enfin l'un nos membres les plus érudits, M. *Beuchat*, dont l'Académie des Inscr tions et Belles-Lettres vient de couronner le beau *Manuel d'archéolo américaine*, étudie en ce moment même, sur place, les Indiens du no ouest de l'Amérique.

Au nombre de nos autres utiles, zélés et consciencieux collaborateu nous comptons M. *de Charencey*, un philosophe doublé d'un penseur dont les études linguistiques remplissent de nombreux recueils spéciaux et dont on lira avec fruit, dans notre Journal, ses études sur les *Noms des points de l'espace dans divers dialectes américains*, et son *Histoire légendaire de la Nouvelle Espagne* ; le Dr *Poutrin*, qui s'est modestement plié à analyser pour notre journal les ouvrages marquants dont notre bibliothèque s'enrichit chaque jour ; M. *Froidevaux* qui s'est cantonné dans la sphère des questions historiques et géographiques qu'il traite d'une manière supérieure ; M. *Marcou*, linguiste versé dans la connaissance des idiomes américains ; MM. *E.* et *R. Wagner*, qui ont longtemps habité l'Amérique du Sud qu'ils connaissent bien et qui nous ont donné d'intéressantes informations sur cette région ; Mme *Barnett* qui a également séjourné en Amérique d'où elle a rapporté des éléments d'études sur les tissus péruviens qui nous ont valu de curieuses communications sur ce point particulier et qui nous en promet d'autres.

Ne pouvant citer ici tous ceux qui mériteraient de l'être, je m'arrêterai à deux noms qui personnifient le dévouement à notre Société et de l'amour de l'Américanisme, ce sont ceux du Marquis *de Créqui-Monfort* et du Dr *Rivet*. Le premier, qui fut l'âme d'une grande expédition dans l'Amérique du Sud, féconde en résultats heureux, a reporté sur notre Société l'intérêt scientifique et désintéressé qui avait inspiré cette belle mission géographique ; le second, qui fut l'éthnologue de la Mission géodésique française de l'Équateur, s'est fait bénévolement le champion de notre œuvre et le directeur de notre journal dont il est l'un des collaborateurs les plus compétents et, assurément, le plus actif. La suite de ses études sur les langues de l'Amérique du Sud et celles qu'il poursuit avec la collaboration du marquis de Créqui-Montfort, forment une contribution de premier ordre à la philologie américaine. Enfin au premier rang de ceux qui prêtent à notre Société un précieux concours moral et scientifique, je ne dois pas oublier le Prince *Roland Bonaparte* qui est l'un de nos vice-présidents, et dont la sollicitude s'étend à tout ce qui a pour objet la connaissance du globe.

Il ne faut donc pas craindre de le dire : par la valeur de leur enseignement, par le nombre et la variété de leurs écrits, les Américanistes français sont dignes de s'asseoir à côté des maîtres qui travaillent à l'étranger aux progrès de nos études. Notre Société est brillamment et solidement organisée et je crois avoir montré que la tâche qu'elle a déjà accomplie lui fait honneur. On ne doit pas se dissimuler qu'il y a une grande divergence de vues, entre les savants, sur les questions qui rentrent dans le cadre de nos études. C'est une indication que l'Américanisme n'a pas encore sa méthode propre et cela rend difficile la coopération des efforts. Notre Société doit s'attacher à combler cette lacun On l'a dit avec raison, une question bien posée est à moitié résolue et n'est qu'en s'astreignant aux règles d'une méthode rigoureusement dél mitée qu'on peut voir comment une question doit être posée.

J'appellerai aussi l'attention sur la nécessité d'étudier les traditio historiques américaines plus judicieusement qu'on ne le fait général ment. Ce genre d'études est captivant, mais plein d'écueils. On se lais facilement entraîner à prendre au pied de la lettre les récits qui témoignent, sans réfléchir que leur origine est trop souvent suspecte. I critique des sources de l'histoire des civilisations disparues du Nouvea Monde est encore à faire. Le déchiffrement des inscriptions et des text qui fixeraient la valeur de ces traditions ne fait que de lents progrès. peu de choses près, nous en sommes encore à cet égard au point où no en étions à l'époque de la découverte. Il ne faut toutefois ni s'en étonn ni s'en alarmer. L'esprit humain a des ressources qui ont raison de tou les difficultés. Les hiéroglyphes égyptiens sont restés un mystère pe dant des siècles et ce n'est que de nos jours qu'on a pu lire les inscr tions de l'Assyrie. Hier encore nous apprenions, à notre grand éton ment, que contrairement à ce que l'on avait toujours cru, les premiè civilisations de la Grèce n'étaient pas ariennes.

L'Américanisme nous réserve certainement des surprises aussi gran et aussi heureuses. Mais, pour cela, il faut lui rester fidèle et ne r ménager pour atteindre le but poursuivi. Nous faisons donc appel à t ceux qui s'intéressent à nos travaux ; qu'ils se joignent à nous, qu s'associent à nos discussions, qu'ils nous apportent leurs études auxque nous ferons place dans notre Journal où elles trouveront des lecte attentifs et compétents. Je termine en adressant aussi cet appel à propres membres dont un trop grand nombre se borne à lire et à éc ter ceux d'entre nous qui se montrent les plus actifs. Ceux-ci, com celui qui vous parle, seraient heureux de s'écarter pour leur faire plac d'apprendre à leur tour quelque chose d'eux. Permettez-moi de le d s'il impose des devoirs, le titre de membre de la Société des Améri nistes confère aussi une distinction, et je suis confiant que ceux qu portent pourront bientôt s'honorer de l'avoir mérité, comme s'hono aujourd'hui ceux qui peuvent se dire membres des deux grandes soci de Géographie de l'Europe : celle de Londres et celle de Paris.

M. Verneau. — Le beau discours que vous venez d'entendre recueil sans aucun doute l'approbation unanime des membres de notre Soc Il était impossible d'exposer plus nettement le but que nous poursui et de montrer d'une façon plus frappante l'intérêt des multiples questions qui rentrent dans notre domaine. Notre cher Président nous a prouvé une fois de plus qu'aucun des problèmes qui se réfèrent au passé du Nouveau Monde ne lui est étranger. Ces problèmes sont si complexes que, pour les résoudre, il est nécessaire de faire appel à toutes les bonnes volontés, d'accepter tous les concours qui nous sont offerts.

Avec sa grande compétence et l'impartialité qui lui a conquis l'estime générale des Américanistes, M. Vignaud nous a rappelé les services que chaque science nous a rendus. Entre tous les savants qui viennent ici nous apporter les résultats de leurs patientes recherches, il entend tenir la balance égale, et nous ne saurions que l'en féliciter. Son caractère bienveillant l'a porté à élever la voix en faveur de ceux qui ont été l'objet de certains reproches, et cela ne m'a pas surpris. Ainsi, on a reproché à notre Société — ce que j'ignorais entièrement — de faire une part trop large à l'anthropologie, et notre éminent Président s'est empressé de répondre à cette accusation. Comme il l'a si bien dit, la *fixité relative* des caractères anatomiques en fait une base solide pour nos études. Cette base doit être inébranlable et on ne saurait l'étayer de trop de matériaux. Ce qu'on est en droit de regretter, c'est que les matériaux des fondations n'aient pas été suffisamment sélectionnés et que, parfois, on ait voulu construire un important édifice en laissant de grands vides dans la partie qui devait en supporter le poids. Si Morton, si l'illustre Agassiz n'avaient pas mis tant de hâte à tirer des conclusions de faits encore insuffisants à l'heure actuelle, ils n'auraient pas affirmé que l'Amérique entière est peuplée d'une race unique, à l'exception des Esquimaux. Si Ameghino, n'avait pas été si pressé d'échafauder toute une généalogie humaine sur des découvertes trop clairsemées, nous n'aurions pas assisté à l'écroulement de l'édifice qu'il avait construit avec tant de peine. Et, cependant, Ameghino comme Agassiz, comme Morton lui-même, était un savant de valeur. Il s'est laissé entraîner par les théories et il a remplacé les faits probants, solidement établis par des hypothèses. L'exemple qu'il a donné ne doit pas être suivi. Sans être l'ennemi des théories, qui provoquent parfois de profondes recherches, je n'hésite pas à déclarer que celui qui recueille d'abondants documents, qui entasse des observations précises contribue davantage aux progrès de la science que l'inventeur des théories les plus ingénieuses. C'est pour cette raison que je serai, pour ma part, profondément reconnaissant à tout savant qui nous apportera des documents nouveaux, qu'il s'agisse de documents anthropologiques, archéologiques, ethnographiques, linguistiques, historiques, ou de documents de quelque autre nature.

A mon avis, la Société des Américanistes de Paris doit, avant tout, s'efforcer de réunir une somme importante de matériaux, et c'est la conduite qu'elle a toujours tenue. Lorsque ces matériaux sont en nombre respectable, les conclusions auxquelles conduit leur étude se dégagent d'elles-mêmes. Je n'ai pas à vous rappeler les grandes migrations, les relations entre groupes humains plus ou moins éloignés les uns des autres que laissent déjà entrevoir les précieuses observations de beaucoup de nos collaborateurs. Mais quand nous essaierons d'interpréter les faits, gardons-nous bien de toute idée préconçue. N'oublions pas que, aux États-Unis, les passions politiques et sociales, jointes aux passions dogmatiques et antidogmatiques, ont singulièrement contribué à obscurcir le problème si ardu du monogénisme et du polygénisme, auquel faisait allusion notre Président. Lorsque, en 1844, M. Calhoun, ministre des Affaires étrangères des États-Unis, répondait aux représentations de la France et de l'Angleterre relatives à l'esclavage, que son gouvernement avait le droit de maintenir les Nègres en servitude parce que le Noir et le Blanc n'étaient pas de la même espèce, il lui aurait été sans doute bien difficile de prouver scientifiquement son assertion.

Un reproche de parti pris ne peut évidemment être adressé à aucun de nos collègues dont M. Vignaud vient de nous rappeler les noms et les travaux, et je ne me pardonnerais pas d'avoir retenu quelques instants votre attention, si je n'avais eu à vous soumettre que quelques réflexions par trop banales. Ce qui m'a décidé à prendre la parole, c'est le désir de réparer une omission de notre cher Président.

En effet, avec sa bienveillance habituelle, il s'est appliqué à faire ressortir les mérites de chacun, mais, intentionnellement il a oublié de nous parler des services qu'il a lui-même rendus à notre Société et à l'Américanisme en général ; permettez-moi de combler rapidement cette lacune.

Lorsque vous parcourez le Journal de la Société des Américanistes vous y trouvez une série de mémoires originaux, écrits en un style clair sans prétention et qui dénotent, chez leur auteur, autant de sens critique et d'érudition que de suite dans les idées ; presque tous, en effet, sont consacrés à l'histoire de la découverte de l'Amérique ; leur auteur, je n'ai pas besoin de le dire, c'est M. Henry Vignaud. Il avait démontré ailleurs par des arguments qui semblent irréfutables, que la carte attribuée à Toscanelli est apocryphe et que sa corespondance avec le Portugais Fernassa Martins n'a jamais existé ; du même coup, il avait renversé toutes les idées admises au sujet de la genèse de la découverte de l'Amérique. Mais notre éminent Président n'est pss de ceux qui se hâtent de construire un édifice avant d'en avoir assuré solidement la base. Patiemment, il accumula les faits, entassa les matériaux, et à la place du vieil édifice vermoulu, qui s'était écroulé sous les coups de sa critique il en a élevé une autre qui paraît bien devoir résister à toutes les attaques. Vous rappellerai-je ses beaux travaux sur Christophe Colomb et Americ Vespuce ? Vous avez tous présents à la mémoire son article sur *La maison d'Albe et les archives colombiennes*, avec un appendice sur *Le rôle de Fernand Colomb dans la production des pièces attribuées à Toscanelli ;* sa communication sur *Sophus Ruge et ses vues sur Colomb ;* sa dissertation sur *Americ Vespuce, ses voyages et ses découvertes devant la critique ;* son étude sur *Americ Vespuce et l'attribution de son nom au Nouveau Monde.* Christophe Colomb, notre cher Président le connaît mieux que personne. Dans le volume très documenté qu'il a publié en 1905, il nous dépeint sa vie avant ses découvertes. En 1909, lorsqu'il nous a entretenus de *L'ancienne et la nouvelle campagne pour la canonisation de Colomb,* il nous a révélé une foule de détails sur l'existence intime du navigateur. Tout récemment, dans un bref entrefilet paru dans notre Recueil, il nous a montré à quelles extrémités se sont laissés entraîner ceux qui attribuent à Colomb une origine espagnole, juive ou corse.

Comme le disait si justement notre regretté collègue, Gabriel Marcel, M. Henry Vignaud, travailleur obstiné, « cherche avec acharnement les témoignages qui, à la distance où nous sommes des faits à examiner, sont peu faciles à retrouver. Il les compare entre eux, les étudie à la loupe, les laissant pour les reprendre un peu plus tard, s'efforçant d'en faire jaillir par cette patiente, inlassable et insatiable enquête, ce qu'il croit être la lumière et la vérité ». Lisez les deux magnifiques volumes intitulés : *Histoire critique de la grande entreprise de Christophe Colomb,* et vous vous rangerez pleinement à l'opinion de Gabriel Marcel.

Aucune des questions relatives à la découverte de l'Amérique ne saurait laisser indifférent un savant aussi consciencieux que celui qui préside aux destinées de notre Société. Reportez-vous au tome VII de la nouvelle série de notre Journal et vous y trouverez une communication d'un haut intérêt sur *Les expéditions des Scandinaves en Amérique,* dans laquelle il critique de main de maître « un nouveau faux document » invoqué à l'appui d'une thèse qui revient à chaque instant sur le tapis.

Enfin, dans le premier fascicule de cette année, M. Henry Vignaud nous a encore donné un mémoire, frappé au bon coin, sur *La question de l'antiquité de l'homme américain,* qui démontre une fois de plus l'étendue de son savoir.

Je ne voudrais pas mettre à une trop rude épreuve la modestie de notre très distingué Président et, cependant, je ne saurais trop vous engager à relire les articles nécrologiques qu'il a consacrés, dans le Journal de la Société des Américanistes, à Albert Samuel Gatschet, au professeur Hamy, à Gabriel Marcel, à Henry Harrisse, à Jules Mancini, à Gonzalez de la Rosa. Vous y verrez déborder à chaque ligne, en même temps son esprit d'impartialité et de justice, ce sentiment de grande bien lance qui, depuis longtemps, lui a conquis notre sincère affection.

Cette bonté, innée chez vous, me vaudra votre indulgence, mon Président. Ma petite allocution n'a qu'une piètre allure en compara de votre beau discours, qui renferme tant d'idées élevées, J'ai néanmoins, de mon devoir de combler une lacune de votre exposé et la certitude d'avoir été l'interprète de tous nos collèges.

Je serai également leur interprète en ajoutant que la Société Américanistes de Paris a été bien inspirée le jour où, à l'unanimité e acclamation, elle vous a confié ses destinées. Il semblait difficile de placer l'éminent savant que la mort venait de nous ravir. Si je me re au compte rendu sommaire de notre séance du 1er décembre 1908, j que notre Président d'honneur a donné sa démission parce qu'il est que notre Société étant l'œuvre de M. Hamy, ne pouvait lui surv vous avez su faire mentir cette sinistre prédiction. Non seulement Société n'a pas disparu, mais elle a acquis une vitalité nouvelle. C votre dévouement, autant qu'à votre caractère, que nous sommes vables de ce résultat, et je puis affirmer sans crainte qu'il n'est pas nous qui ne vous en garde une profonde reconnaissance.

M. le Dr Capitan. — Je tiens essentiellement à joindre ma v celle de mon ami Verneau. Certes notre cher président a su group diriger un grand nombre de bonnes volontés, faire venir à nous coup de collègues étrangers. Par la hauteur de son intelligence ses sentiments, il a su aplanir bien des petites difficultés concern vie de la Société. C'est donc un excellent président et, pour ses coll un ami sûr et dévoué, un excellent conseiller.

Ceci est la stricte vérité. Aussi vous permettrez à votre sec général d'être, à ce point de vue, le porte-parole de tous les memb la Société en affirmant ces faits et en lui exprimant notre très reconnaissant et affectueux attachement.

C'est, en effet, une belle mais difficile tâche que poursuit la Soci Américanistes en essayant de grouper le plus grand nombre de s compétents qui se consacrent aux études d'américanisme, e demandant leur concours, en les priant d'apporter leurs travaux, idées sur ce vaste sujet dont tant de points sont encore obscurs.

Un des grands rôles de la Société consiste à indiquer à ses me les desiderata qu'elle croit utile de signaler dans nos études. Il e sujets en effet qui semblent un peu abandonnés ou à la solution de on ne paraît pas porter le zèle et la méthode qui conviendraient. Indiquer ces points, montrer comment leur étude pourrait être entreprise, en se basant sur des faits bien observés, par quelles méthodes ces résultats pourraient être obtenus, etc., tout cela rentre dans les attributions de notre Société et, ce faisant, elle a rendu et rendra de grands services aux études américaines.

Un exemple bien typique est fourni par l'étude de la préhistoire la plus ancienne de l'Amérique. Déjà bien des données ont été fournies sur ce point par de nombreux observateurs, tels les beaux travaux d'Outes pour l'Amérique du Sud et ceux du Peabody Museum à Trenton avec le concours d'abord d'Abbott et récemment de Volk.

Malheureusement, dans le plus grand nombre de cas, les méthodes d'observation fort spéciales, nécessaires pour mener à bien ces recherches, n'ont pas été exactement employées. Stratigraphie, paléontologie, industrie et ethnographie constituent en effet en préhistoire les diverses méthodes dont la mise en œuvre est indispensable.

D'autre part la façon d'utiliser ces méthodes, la technique même de leur mode d'emploi... tout ceci n'est pas encore mis au point en Amérique. Chez nous la longue expérience de nos devanciers dont nous profitons, les grands efforts faits dans ce sens depuis un certain nombre d'années, la richesse de nos gisements... tout cela nous a permis de constituer des méthodes très précises et d'arriver à des conclusions exactes. Pour l'Amérique il est évident qu'il faudrait pouvoir adapter nos méthodes aux conditions particulières de ses gisements et de son ethnographie. C'est une tâche à laquelle travaillent déjà de jeunes et très laborieux savants. Mais il y a encore beaucoup à faire en ce sens... et surtout il y a à lutter contre un parti pris et un esprit de routine que l'on est étonné de rencontrer chez certains savants, et non des moindres, en Amérique. Il y a lieu aussi de signaler un défaut assez fréquent, et fort naturel chez quelques savants américains s'occupant de ces questions, c'est un *hypercriticisme* dont le résultat est de rejeter systématiquement un ensemble d'observations ayant pourtant de la valeur. Cet excès de critique est souvent presque aussi fâcheux que l'absence de critique elle-même.

Ces quelques exemples montrent, sur un terrain spécial d'ethnographie américaine ancienne, combien un corps savant peut avoir une utile influence sur la direction générale des recherches, en indiquant la voie à suivre, ce qu'il peut se permettre grâce aux compétences qu'il possède dans son sein.

C'est une influence de ce genre que la Société des Américanistes désirerait manifester chaque fois que besoin serait. Mais ceci, elle ne le pourra que si elle compte comme membres des spécialistes émin si ceux-ci veulent bien l'aider dans cette grande tâche. Plusieurs s l'ont déjà fait ; nous espérons que beaucoup d'autres encore le vo bien faire aussi, pour le plus grand bien et le progrès de cette si i sante branche de l'histoire générale : l'histoire américaine à l'ét laquelle se consacre notre Société.

Docteur Rivet. — Le programme de nos études a été magistral tracé par M. Vignaud, qui, par le fait même, a donné l'exacte défini notre science ; à ce qu'il a si bien dit, je voudrais seulement ajouter qu mots sur les règles qui, à mon sens, doivent diriger nos recherches

En fait, l'Américanisme ne saurait avoir une méthode qui l propre. Un Américaniste peut être historien, anthropologue, ethno archéologue, sociologue, linguiste, etc..., et chacun de nous, sui spécialité, obéit à une discipline particulière, qui ne saurait être fiée par le seul fait qu'il s'agit de questions relatives à l'Amérique.

Toutefois, si ces savants, d'origine et de formation si diverses, groupés pour aborder, par des voies et des méthodes distinctes, blème américain, c'est qu'ils ont senti la possibilité et la néce coordonner leurs efforts et qu'ils ont espéré trouver dans leur ass une entraide efficace. C'est là le but essentiel et la véritable utilité d Société. Grâce à elle, quiconque d'entre nous veut faire œuvre la possibilité et le devoir de connaître et de tenir compte des r obtenus par les spécialistes qui travaillent à ses côtés, et, à pr chaque fait nouveau qu'il découvre, de chaque hypothèse qu'il il peut et il doit rechercher la corrélation qui existe entre ce fait hypothèse et les données acquises en dehors de lui, dans un o recherches différentes des siennes.

Nos catégories scientifiques, qui sont utiles et nécessaires pour tribution du travail, n'ont en effet qu'une valeur toute subjectiv est indispensable de se répartir la tâche, il ne faut jamais oubli s'agit là d'une dissociation artificielle, et qu'un peuple ou une peut être défini ni par sa langue, ni par ses mœurs, ni par ses cr ni par sa morphologie, mais que son individualité est faite de l'e de tous ces caractères. Le principal objet de notre Société doit d de supprimer les « cloisons étanches » que la spécialisation à ou créées entre les diverses sciences, de les obliger à se pénétrer, à s'e et à se contrôler. C'est dans cet esprit qu'une part très larg réservée dans notre « *Journal* » aux analyses critiques. En dé parences trompeuses, il existe en effet une étroite solidarité ent nos spécialités, et une hypothèse ne peut être considérée comme démontrée que lorsqu'elle peut s'appuyer sur un faisceau de preuves d'ordre linguistique, archéologique, anthropologique, ethnographique, etc....

Si cette méthode prudente avait toujours été suivie, l'Américanisme ne se serait pas égaré, comme il lui est arrivé trop souvent, dans des spéculations hasardeuses et prématurées. Il faut avoir le courage d'avouer que notre science n'en est qu'à ses débuts, et que certaines questions, qu'elle doit sans aucun doute résoudre un jour, ont été posées d'une façon beaucoup trop hâtive. Le problème de l'origine des populations américaines est une de ces questions. Avant de l'aborder, il est nécessaire de bien connaître ces populations, d'établir sur des bases solides leurs principaux groupements, de déterminer leurs migrations internes, de rechercher par des fouilles systématiques l'antiquité de l'homme américain et d'établir une chronologie au moins relative des diverses civilisations qui se sont succédé dans le Nouveau Monde. Or cette tâche est à peine commencée.

En Amérique du Nord, grâce à l'admirable organisation d'un corps de savants d'élite, de magnifiques résultats ont été obtenus dans ce sens, mais, en Amérique Centrale, en Amérique du Sud, l'inventaire archéologique de bien des régions est à faire, l'étude linguistique à peine ébauchée, les recherches anthropologiques, ethnographiques et sociologiques presque inexistantes. N'est-il pas insensé, dans ces conditions de tenter d'établir des rapprochements entre ces civilisations qu'on connaît si mal et celles de l'ancien Monde ? Pendant longtemps encore, il faudra que l'Américaniste ait la résignation de se limiter à l'exploration méthodique de son propre domaine, dans le passé et le présent, soutenu par l'idée que son travail permettra à ses successeurs d'aborder avec succès les grands problèmes qu'il est inutile et périlleux d'envisager pour l'instant ; il faut qu'il ait le courage de répondre aux impatients : « Je ne sais pas. »

Même ainsi limitée, la tâche n'est ni fastidieuse, ni ingrate ; elle conduit à des conclusions qui permettent de préciser chaque jour davantage les données du problème et, par approximations successives, de se rapprocher de la solution.

Mais dans ces recherches volontairement circonscrites, il est essentiel de n'avancer également qu'avec une extrême prudence. Le travail est surtout un travail de comparaison, et, si, comme je le disais il y a un instant, on ne doit négliger aucun des éléments de cette comparaison; preuves linguistiques, ethnographiques, archéologiques, anthropologiques, etc..., il est non moins indispensable que chacune de ces comparaisons soit totale. De même que la parenté linguistique ne s'établit pas par quelques concordances lexicographiques, de même une parenté ethni(ne saurait être démontrée par la concordance de quelques indices, une parenté ethnographique par la similitude d'un outil ou d'un proc technologique. Une langue ne peut être définie que par sa phonétiq sa grammaire et son vocabulaire, un type ethnique que par l'ensem de tous ses caractères morphologiques, une civilisation que par l'ir gralité de ses manifestations. Tout rapprochement qui ne porte que quelques points de détail ne saurait avoir une valeur démonstrat: Seul, l'Américaniste qui a le courage d'envisager un problème, si p soit-il, dans toute sa complexité, qu'il s'agisse d'anthropologie, d'arcl logie, d'ethnographie ou de linguistique, peut espérer aboutir à une (clusion certaine et définitive, et c'est par des travaux de cette nat souvent ingrats par la faible portée apparente de leurs résultats, et par d'élégants paradoxes, que notre science progressera.

Cette règle de l'effort limité mais complet s'applique aussi bien recherches de cabinet qu'aux recherches sur le terrain. L'heure est pa des explorations à programme trop vaste. Ce qui est nécessaire à l'h actuelle, c'est une série d'explorations portant sur des zones restrein où rien ne sera négligé ni du passé, ni du présent des populat visitées, et c'est de la comparaison de ces études fragmentaires, ı intégrales, que nous pouvons espérer des résultats positifs.

Pour ceux d'entre nous qui ne peuvent s'expatrier, une tâche de m nature s'offre à eux. C'est l'exploration méthodique de nos musées e nos archives. Il y a là des trésors que des générations de chercheur parviendront pas à épuiser, des documents que l'exploration modern permet plus de recueillir. Et par là encore je voudrais voir se dévelo une collaboration intime entre deux ordres de chercheurs que r Société groupe et qui trop souvent s'ignorent, l'explorateur et l'hoı de cabinet. Il serait utile qu'entre eux s'établisse cette entraide effi et ce contrôle permanent que, pour les mêmes raisons, je désirais s'établir entre les diverses spécialités que nous représentons.

Voilà, Messieurs, les quelques idées que je désirais vous soumettr suis convaincu, d'ailleurs, que je n'ai fait qu'exprimer votre pı pensée, et que je n'ai été en la circonstance que votre porte-parole.

MEMBRES DE LA SOCIÉTÉ DES AMÉRICANISTES

au 1er janvier 1914.

BUREAU DE LA SOCIÉTÉ.

Président................ M. H. VIGNAUD.
Vice-Présidents........... S. A. le Prince Roland BONAPARTE, membre de l'Institut.
— M. le marquis DE PERALTA.
— Pr VERNEAU.
Secrétaire général......... Dr CAPITAN.
Trésorier................. M. le marquis DE CRÉQUI-MONTFORT.
Secrétaire général adjoint.. Dr RIVET.
Bibliothécaire-archiviste... Dr POUTRIN.
Secrétaire des séances..... M. de PÉRIGNY.

MEMBRES DU CONSEIL.

MM. le comte DE CHARENCEY.
le général BOURGEOIS.
Henri CORDIER.
DE KERGORLAY.
SALONE.

MM. DIGUET.
FROIDEVAUX.
Pr BLANCHARD.
DE VILLIERS DU TERRAGE.

COMMISSION DE PUBLICATION.

MM. Pr VERNEAU.
Dr RIVET.
DE KERGORLAY.

MM. DE VILLIERS DU TERRAGE.
SALONE.
Dr POUTRIN.

(Les lettres *H.*, *D.*, *R.*, *C.*, et *C. T.*, qui figurent après certains noms, indiquent les *membres d'honneur*, *membres donateurs*, *membres à vie*, *membres correspondants* et *membres correspondants titularisés*.)

ALFARO (Anastasio), *C.*, directeur du Musée national de Costa-Rica, San José (Costa-Rica).

AMBROSETTI (Juan B.), *C.*, Museo nacional, calle Santiago del Es n° 1298, Buenos Aires (Rép. Argentine).

ANDARA (José Ladislao), membre de la Academia nacional de la His de Vénézuela, ministre des affaires étrangères, Caracas (Vénézuela

ARAÚJO (Orestes), professeur de géographie à l'Université, Salto, Montevideo (Uruguay).

AUGUSTE (Nemours), ministre plénipotentiaire de la République de I 104, boulevard de Courcelles, Paris.

BALLIVIÁN (Dr Manuel Vicente), *C.*, Dirección general de Estadísti Estudios geográficos, La Paz (Bolivie).

BANDELIER (A. F.), *C.*, c° American Museum of natural History, N York (États-Unis).

BARBEAU (C. M.), *C.*, chef adjoint du Service ethnographique, Geolc Survey, Ottawa (Canada).

BARBERENA (Santiago Ignacio), *C.*, director general de la Oficina de dística, San Salvador (Salvador).

BARNETT (Mme), américaniste, 3, rue du Louvre, Paris.

BAVIÈRE (Princesse Thérèse de), *H.*, Königlische Rezidenz, Munich (magne).

BEER (William), bibliothécaire de la Howard Memorial Library, Nou Orléans, L. A. (États-Unis).

BELTRÁN Y RÓZPIDE (Ricardo), *C.*, membre de la Real Academia Historia, secrétaire général de la Real Sociedad geográfica de M calle de la Florida, 5, Madrid (Espagne).

BENNETT (James Gordon), 120, avenue des Champs-Élysées, Paris.

BERTHON (Commandant P.), 169, rue Saint-Jacques, Paris.

BEUCHAT (H.), américaniste, 42, avenue Gaston Boissier, Viroflay (S et-Oise).

BINGHAM (Hiram), Yale University, New-Haven, Conn. (États-Un

BLANCHARD (Raphaël), professeur à la Faculté de Médecine de Paris boulevard Saint-Germain, Paris.

BOAS (Franz), *C.*, professeur d'anthropologie à la Columbia Univ New-York city (États-Unis).

BOBOT-DESCOUTURES (Albert), ministre plénipotentiaire, 10, rue Th de Banville, Paris.

BOMAN (Éric), américaniste, explorateur, casilla de correos 470, B Aires (République Argentine).

BONAPARTE (Prince Roland), membre de l'Institut, 10, avenue c Paris.

BORCHGRAVE (Baron de), ministre plénipotentiaire honoraire de Bel rue de Berlin, Bruxelles (Belgique).

Bourgeois (Général), directeur du Service géographique de l'Armée, professeur à l'École polytechnique, 59, avenue de La Bourdonnais, Paris.

Bovallius (Carl), *C.*, Stockholm (Suède).

Bowditch (Charles-P.), *R.*, 111, Devonshire street, Boston, Mass. (États-Unis).

Callegari (G. V.), professeur à l'Université, Prato della Valle, 3, Padoue (Italie).

Cantacuzène (Prince Georges), 13, rue La Tremoïlle, Paris.

Capitan (Dr Louis), chargé du cours d'antiquités américaines au Collège de France, professeur à l'École d'anthropologie, membre de l'Académie de Médecine, 5, rue des Ursulines, Paris.

Chamberlain (Alexander F.), *C.*, professeur d'anthropologie, Clark University, Worcester, Mass. (États-Unis).

Chambost (P. J. E. E.), *R.*, 28, avenue de Suffren, Paris.

Charencey (Comte H. de), 72, rue de l'Université, Paris.

Charnay (Désiré), *H.*, 46, rue des Marais, Paris.

Charpentier (Alfred), ministre plénipotentiaire, 50, rue du Général Foy, Paris.

Choquet (Jules), 49, avenue de la Grande-Armée, Paris.

Clerc (Adelbert), 3, rue Meissonier, Paris.

Cordier (Henri), membre de l'Institut, professeur à l'École des Langues orientales, 8, rue de Siam, Paris.

Créqui-Montfort (Marquis G. de), *D.*, 38, boulevard Victor-Hugo, Neuilly-sur-Seine.

Deglatigny (Louis), 11, rue Blaise-Pascal, Rouen (Seine-Inférieure).

Desprez (Paul), ministre plénipotentiaire, 2, avenue Mercédès, Paris.

Diguet (Léon), américaniste, 16, rue Lacuée, Paris.

Dixon (Roland B.), *C.*, Peabody Museum, Cambridge, Mass. (États-Unis).

Dorn y de Alsua (E.), chargé d'affaires de la République de l'Équateur, 9, rue de la Bienfaisance, Paris.

Dorsey (George A.), *C.*, curator of Anthropology, Field Museum of natural History, Chicago (États-Unis).

Dubard-Hamy (Mme), 6, rue du Val-de-Grâce, Paris.

Ehrenreich (Paul), *C.*, privat-docent à l'Université, 29, Lutherstrasse, Berlin (Allemagne).

Fabo (Fray P.), convento de PP. Agustinos Recoletos de Sos, Zaragoza (Espagne).

Falcoz (Joseph), 18, rue Vavin, Paris.

Faure (Maurice), 52 *bis*, boulevard Haussmann, Paris.

Fewkes (J. Walter), *C.*, Bureau of american Ethnology, Washington, D.C. (États-Unis).

FROIDEVAUX (Henri), docteur ès lettres, bibliothécaire-archiviste de Société de Géographie, 47, rue d'Angivillers, Versailles (Seine-et-Oi

GARCIA (Genaro), *C.*, directeur du Musée National d'archéologie, d'hist et d'ethnologie, México (Mexique).

GASTAL (Paulo), Pelotas, Rio Grande do Sul (Brésil).

GEDALGE (Mme Amélie André), 130, faubourg St-Denis, Paris.

GÉNIN (Aug.), 3ª calle de San Agustín, 79, México (Mexique).

GONZALEZ (Général Manuel), *C.*, México (Mexique).

GONZÁLEZ SUÁREZ (Mgr. Federico), *C.*, archevêque de Quito (Équate

GORDON (George B.), *C.*, directeur du Musée de l'Université, Phila phie (États-Unis).

GUEVARA (Tomas), *C.*, recteur du Lycée, Temuco (Chili).

GUILLEMIN-TARAYRE (E.), 17, rue Gutemberg, Boulogne-sur-Seine.

HARTMAN (Prof. C. V.), *C.*, directeur du Musée d'Ethnographie, Stock (Suède).

HEGER (Franz), *C.*, conservateur du Musée d'Ethnographie de la C Ramusofskygasse, 1, Vienne, III/2 (Autriche).

HERRERA (Carlos), *C.*, México (Mexique).

HODGE (Frédérick Webb), *C.*, ethnologist in charge, Smithsonian In tution, Bureau of american Ethnology, Washington, D. C. (Ét Unis).

HOLMES (W.), *H.*, chief of the Bureau of american Ethnology, Smit nian Institution, Washington, D. C. (États-Unis).

HRDLIČKA (Aleš), *C.*, curator of physical anthropology, Smithsonian titution, Washington, D. C. (États-Unis).

HUGUET (Dr Joseph), 11, rue Violet, Paris.

HULOT (Baron E.), secrétaire général de la Société de Géograp 170 *bis*, rue de Grenelle, Paris.

HUMBERT (Jules), docteur ès lettres, professeur agrégé au lycée, 34, Grangeneuve, Bordeaux.

HUNTINGTON (Douglas Saint-George), 7, rue de Maurepas, Versa (Seine-et-Oise).

HYDE (James H.), *D.*, 18, rue Adolphe-Yvon, Paris.

IHERING (H. von), *C.*, directeur du Museu paulista, Caixa do Corre São Paulo (Brésil).

IZCUE (José A. de), *C.*, Lima (Pérou).

JIJÓN Y CAAMAÑO (J.), apartado 187, Quito (Équateur),

KATE (Dr Herman ten), *C.*, aux soins de la maison Martinius Ny éditeurs, La Haye (Pays-Bas).

KERGORLAY (Comte Jean de), 6, rue Mesnil, Paris.

KOCH-GRÜNBERG (Dr Theodor), *C.*, Kappellenweg, 41, Freiburg (Allemagne).

KRŒBER (A. L.), *C.*, Affiliated Colleges, San Francisco (États-Unis).

LACOMBE (R. P.), *C.*, Edmonton Alta, N. W. T. (Dominion Canadien).

LAFONE-QUEVEDO (Samuel A.), *C.*, directeur du Musée d'histoire naturelle, La Plata (République Argentine).

LALLEMAND (Lieutenant-colonel Albert), chef de la section de géodésie du Service géographique de l'Armée, 133, avenue de Suffren, Paris.

LARMINAT (Jacques de), Chimehuin, territoire de Neuquen (République Argentine).

LARRABURE Y UNANUE (Eugenio), président de l'Institut historique du Pérou, Lima (Pérou).

LARREA (Carlos Manuel), apartado 279, Quito (Équateur).

LATCHAM (Ricardo E.), *C.*, calle de la Moneda, n° 956, Santiago (Chili).

LAVAL (Ramón A.), *C. T.*, sous-directeur de la Bibliothèque nationale, casilla 634, Santiago (Chili).

LEHMANN (Dr Walter), *C.*, kustos au Musée royal d'Ethnographie, Munich, (Allemagne).

LEHMANN-NITSCHE (Dr Robert), *C. T.*, chef de la section anthropologique du Musée d'histoire naturelle, La Plata (Rép. Argentine).

LOMBARD (Pierre), 36, avenue La Motte-Piquet, Paris.

LOUBAT (Duc de), *H.*, membre associé de l'Institut, 53, rue Dumont-d'Urville, Paris.

LUMHOLTZ (Carl), *C.*, American Museum of natural History, 8th avenue, New-York (États-Unis).

LUZARRAGA (Comte de), 29, avenue Victor-Hugo, Paris.

MACCURDY (George Grant), *C.*, Yale University Museum, 237, Church street, New-Haven, Conn. (États-Unis).

MAILLES (Capitaine Charles), 25, boulevard de Lude, Albi (Tarn).

MALER (Capitaine Teobert), *C.*, Merida, Yucatan (Mexique).

MARCOU (Philippe), linguiste, 28, quai d'Orléans, Paris.

MARIN (Louis), *B.*, député, professeur au Collège libre des Sciences sociales, 13, avenue de l'Observatoire, Paris.

MARKHAM (Sir Clements), *H.*, 21, Eccleston Sqr., Londres, S. W. (Angleterre).

MARTIN-ZÉDÉ (Georges), 19, boulevard de Courcelles, Paris, et Ile d'Anticosti (Canada).

MASPERO (G.), *H.*, professeur au Collège de France, directeur général du Service des Antiquités égyptiennes, Le Caire (Égypte).

MAUDSLAY (A. P.), *C.*, Morney Cross, Hereford (Angleterre).

MAUROUARD (Lucien), ministre plénipotentiaire, 39, avenue Mozart, Paris.

MEDINA (José Toribio), *C.*, 49, calle Doce de Febrero, Santiago (Chili).

MOCHI (Dr Aldobrandino), *C.*, Musée national d'Anthropologie, 3, via Gino Capponi, Florence (Italie).

MONTANÉ (Dr L.), *C.*, professeur à l'Université, Oficios, 33, La Have (Cuba).

MOORE (Clarence B.), *C.*, 1321, Locust street, Philadelphie (États-Un

MORENO (Francisco P.), *C.*, ancien directeur du Muséum d'histoire na relle de La Plata, C. Calvo, nº 2756, Buenos Aires (Rép. Argentir

MOURLHON (Dr René), 16, rue Clément-Marot, Paris.

NESTLER (Pr Jules), Hawlitschekstrasse, 62, Prague-Weinberge (Autricl

NORDENSKIÖLD (Erland), *C.*, Klarabergsgatan, 52 A, Stockholm (Suè

NUTTALL (Mme Zelia), *C.*, Casa de Alvaredo, Coyoacan, D. F. (Mexique).

OUTES (Félix F.), *C. T.*, Museo de historia natural, calle Perú, nº 2 Buenos Aires (Rép. Argentine).

PANHUYS (le Jonkheer L. C. van), *C.*, chef de bureau titulaire au Minis royal des Colonies, 4, Bankastraat, La Haye (Pays-Bas).

PASO Y TRONCOSO (Francisco del), *C.*, Offizio delle Caselli (Posta trale), Florence (Italie).

PECCORINI (Dr Attilio), 1, place de la Sorbonne, Paris,

PERALTA (Marquis M. de), *D.*, ministre plénipotentiaire de Costa-F 57, avenue Henri Martin, Paris.

PÉRIGNY (Comte Maurice de), explorateur, 3, avenue du Bois-de-Boulo Paris.

PERRIER (Capitaine Georges), 34, avenue de la Bourdonnais, Paris.

PETITOT (Abbé Émile), *C.*, Mareuil-les-Meaux, par Meaux (Sein Marne).

PIMENTEL (Luis Garcia), chez M. Donnamette, 30, rue des Saints-P Paris.

PORTER (Prof. Carlos E.), *C.*, directeur de la *Revista chilena de His natural*, casilla 2352, Santiago (Chili).

POSADA (Eduardo), apartado 42, Bogotá (Colombie).

POUPON (Alfred), administrateur des colonies, 32, rue de la Clef, Par Afrique équatoriale française.

POUTRIN (Dr Léon), préparateur au Muséum, 61, rue de Buffon, Pa

PRÉSIDENT (Mr le) du Comité France-Amérique, 21, rue Cassette, I

PREUSS (Dr K. Th.), *C.*, kustos du Musée d'Ethnographie de B Hühnelstrasse, 18, Friedenau, Berlin (Allemagne).

PUTNAM (Prof. F.-W.), *H.*, honorary curator of the Peabody Mu Harvard University, Cambridge, Ma. (États-Unis).

REINBURG (Dr Pierre), 42, rue de Grenelle, Paris.

RICKARDS (Lic. Constantino), vice-consul d'Angleterre, 2a Arme López, 8, Apartado nº 21, Oaxaca (Mexique).

RIVA AGÜERO Y OSMA (J. de la), professeur-adjoint d'histoire du P l'Université de Lima, Légation du Pérou, 14, rue de Chateaub Paris.

RIVET (Dr Paul), assistant au Muséum, 61, rue de Buffon, Paris.

ROCKHILL (W. W.), *C.*, ministre plénipotentiaire des États-Unis, Pékin (Chine).

ROGERIE (de la), archiviste du département d'Ile-et-Vilaine, Rennes.

SALONE (Émile), professeur agrégé d'histoire et de géographie au lycée Condorcet, docteur ès lettres, 68, rue Jouffroy, Paris.

SANTA-MARIA (A. de), 54, rue de Ponthieu, Paris.

SAPIR (Edward), *C.*, Geological Survey, anthropological Division, Ottawa (Canada).

SAVILLE (Marshall H.), *C.*, professeur d'antiquités américaines à la Columbia University, New-York city (États-Unis).

SCHMIDT (Waldemar), *C.*, professeur à l'Université, Copenhague (Danemark).

SELER (Dr Eduard), *H.*, professeur à l'Université, 3, Kaiser-Wilhelmstrasse, Steglitz près Berlin (Allemagne).

SELER (Mme Cécilie), *C.*, américaniste, 3, Kaiser-Wilhelmstrasse, Steglitz près Berlin (Allemagne).

STEINEN (Prof. Karl von den), *C.*, 1, Friedrichstrasse, Steglitz près Berlin (Allemagne).

STREBEL (Dr Hermann), *C.*, 79, Papenstrasse, Hambourg (Allemagne).

TORRES LANZAS (Pedro), *C.*, Chef des Archives des Indes, Séville (Espagne).

TOZZER (Alfred Marston), *C.*, Peabody Museum, Cambridge, Mass. (États-Unis).

UHLE (Dr Max), *C. T.*, chef de la Section d'Ethnologie et d'Archéologie de l'Université, Casilla 3997, Santiago (Chili).

VANDERBILT (W.-K.), *D.*, 10, rue Leroux, Paris, et, 660, 5th avenue, New-York (États-Unis).

VAULX (Comte Henry de La), 2, rue Gaston de Saint Paul, Paris.

VELEZ LOPEZ (Dr Lizardo R.), Trujillo (Pérou).

VERGNE (Dr Édouard), médecin de la mission militaire française, Lima (Pérou).

VERNEAU (Dr René), professeur au Muséum, conservateur du Musée d'Ethnographie du Trocadéro, directeur de *L'Anthropologie*, 48, rue Ducouëdic, Paris.

VIGNAUD (Henry), *H.*, conseiller honoraire de l'ambassade des États-Unis, 2, rue de la Mairie, Bagneux (Seine).

VILLANUEVA (Carlos A.), membre correspondant de la Real Academia de la Historia, 22, rue Boissière, Paris.

VILLIERS DU TERRAGE (Baron Marc de), 30, rue Barbet-de-Jouy, Paris.

WAGNER (Duncan), 64, chaussée d'Antin, Paris.

Wagner (Émile R.), 21, rue Desbordes-Valmore, Paris.
Wagner (Raoul D.), 6, rue du Mont-Thabor, Paris.
Warrington Dawson, littérateur américain, 1 *bis*, rue Hardy, Ver (Seine-et-Oise).
Weber (Friedrich), volontär-assistent am k. ethnographischen Mu Habsburgerstrasse, 5, Munich (Allemagne).

OUVRAGES DU MÊME AUTEUR :

La lettre et la carte de Toscanelli sur la route des Indes par l'Ouest, adressées en 1474 au portugais Fernam Martins et transmises plus tard à Christophe Colomb. Etude critique sur l'authenticité et la valeur de ces documents et sur les sources des idées cosmographiques de Colomb, suivie de divers textes de la lettre de 1474, avec traductions, annotations et fac-similé. Paris, Leroux, 1901, 1 vol. grand in-8°, p. XXIX-319.

Mémoire sur l'authenticité de la Lettre de Toscanelli du 25 juin 1474, adressée d'abord au portugais Fernam Martins et plus tard à Christophe Colomb. Extrait du compte rendu du Congrès international des Américanistes, tenu en septembre 1900, précédé d'une réponse à mes critiques : Lettres à MM. G. Uzielli, Hermann Wagner et L. Gallois. Paris, Leroux, 1902, gr. in-8°, pp. XI.-33.

Toscanelli and Columbus. The Letter and Chart of Toscanelli on the route to the Indies by way of the west, sent in 1474 to the Portuguese Fernam Martins, and later on to Christopher Columbus. A critical study on the authenticity and value of these documents and the sources of the cosmographical ideas of Columbus, followed by the various texts of the Letter, with Translations, annotations, several fac-similes and also a map. London, Sands and Co, 1902, 8°, pp. XIX-365.

Toscanelli and Columbus. Letters to Sir Clements R. Markham and to D. Raymond Beazley. London, Sands and Co, 1903, 8°, pp. 32.

Toscanelli and Columbus. A Letter from Sir Clements R. Markham and a Reply. London, Sands and Co, 1903, 8° pp. 40.

La carta y el Mappa de Toscanelli sobre la ruta de las Indias por el oeste enviados a Cristobal Colomb... Obra traducida del Francés y anotada por B. Enseñat, individuo correspondiente de la Real Academia Española de la Historia, etc. Madrid, Biblioteca de la Irradiación, 1902, p. 247.

La route des Indes et les indications que Toscanelli aurait fournies à Colomb. Lettre au Dr Jules Mees et au Dr Sophus Ruge. Paris, 1903, 8°, pp. 35.

A critical study on the various dates assigned to the birth of Columbus. The true date : 1451. London, 1903, Henry Stevens, Son and Stiles, 8°, pp. XII-122.

La Maison d'Albe et les archives colombiennes, avec un appendice sur les manuscrits que possédait Fernand Colomb et un tableau généalogique. (Extrait du *Journal de la Société des Américanistes*, vol. I, n° 3.) Grand in-8°, pp. 17.

Études sur la vie de Colomb avant ses découvertes. Sa famille italienne. — Les Colombo. — La vraie date de sa naissance. — Les études et les voyages qu'il aurait faits. — Son arrivée au Portugal. — Son mariage et sa famille portugaise, etc., etc. Paris, Welter, 1905, un fort vol. 8° de pp. XVI-544, avec pièces justificatives et tableaux généalogiques.

Sophus Ruge et ses vues sur Colomb. (Extrait du *Journal de la Société des Américanistes*, vol. III, n° 1.) Paris, 1906, Leroux. Grand in-8°, pp. 10.

Proof that Columbus was born in 1451. A new document. American Historical Review January, 1907. Grand in-8°.

L'ancienne et la nouvelle campagne pour la canonisation de Christophe Colomb (Extrait du *Journal de la Société des Américanistes*, vol. VI.) Paris, 1909, Leroux Grand in-8°, pp. 44.

Histoire critique de la grande entreprise de Colomb. Comment il aurait conçu e formé son projet. — Sa présentation à différentes cours. — Son acceptation finale — Sa mise à exécution. — Son véritable caractère. — Paris, 1911, Welter, 2 fort vol. in-8°.

Les Expéditions scandinaves en Amérique devant la critique. (Extrait du *Journal d la Société des Américanistes*, 1911.) Gr. in-8°, pp. 34. Paris, Leroux.

Henry Harrisse. **Étude biographique et morale avec la bibliographie critique d ses écrits.** Paris, Chadenat, 1912, in-8°, pp. 83.

Americ Vespuce. Ses Voyages et ses découvertes devant la critique. (Extrait du *Jou nal de la Société des Américanistes*, 1911.) Gr. in-8°, pp. 43. Paris. Leroux.

Americ Vespuce. L'attribution de son nom au Nouveau Monde. (Extrait du *Journ de la Société des Américanistes*, 1912.) Gr. in-8°, pp. 60. Paris, Leroux.

Les Thèses nouvelles sur l'origine de Christophe Colomb. Espagnol ! Juif ! Corse (Extrait de la *Revue critique d'Histoire et de Littérature*. Paris, 3 mai 1913.) In-8 pp. 20.

MACON, PROTAT FRÈRES, IMPRIMEURS.

www.ingramcontent.com/pod-product-compliance
Lightning Source LLC
LaVergne TN
LVHW010307230826
846091LV00007BB/2750

* 9 7 8 2 0 1 2 9 4 2 6 2 2 *